DÉFI ANTI-GASPI

ZÉRO BLABLA

AU PROGRAMME

LE ZÉRO DÉCHET, KÉSAKO ?

Le zéro déchet..., on en entend beaucoup parler, mais on a du mal à expliquer réellement ce que c'est.

Souvent, quand je demande aux gens de m'expliquer leur conception du « zéro déchet », ils me répondent : « ben c'est jeter les déchets à la poubelle ! » Alors ça, c'est bien, mais c'est juste un geste citoyen... Parce que le zéro déchet, c'est quelque chose de plus grand que ça..., de plus engageant...

Dans ce livre, j'ai envie de te faire découvrir comment moi, une petite citadine à la vie totalement classique, j'ai réussi en quelques années, à réduire considérablement mes déchets, et même à m'amuser avec !

Et comme je suis une meuf vachement sympa, je vais te montrer que toi aussi, tu peux devenir un/une pro du zéro déchet en 4 semaines !

PRÊT(E) ?

LE ZÉRO DÉCHET, C'EST UNE MANIÈRE DE RECONSIDÉRER LE DÉCHET, DE SE POSER LES BONNES QUESTIONS

Comment pourrais-je repenser ma manière de vivre pour ne plus créer de déchets à la source ?

Comment pourrais-je mieux gérer mes déchets pour leur donner une seconde vie ?

ZÉRO DÉCHET

TON PROFIL ANTI-GASPI

	VRAI	FAUX
Ma **MAISON** c'est la caverne d'Ali Baba, j'aimerais trier… Mais par où commencer ?	☐	X
Ma **SALLE DE BAINS**, c'est un salon de beauté tellement il y a de produits à l'intérieur…	☐	X
Pour **CUISINER**, une seule règle : plus c'est simple et mieux je me porte !	X	☐
Chaque fois que je suis à la caisse, je verse une larme quand je vois le **PRIX**.	☐	X
J'adore flâner dans les petits marchés pour dénicher un **PRODUIT DU TERROIR** inconnu.	X	☐
J'en ai marre de passer ma vie à faire la **VAISSELLE**.	☐	X
je n'ai pas la **MAIN VERTE**, mais j'ai l'espoir de faire pousser quelque chose un jour.	X	☐
Je ne regarde jamais les **ÉTIQUETTES** : pour moi, c'est du charabia.	☐	X
J'aimerais bien faire du **BIEN À LA PLANÈTE**, mais je ne sais pas comment m'y prendre.	X	☐
J'adore les **DÉCO** originales, et je cherche toujours des idées de DIY à réaliser.	X	☐
Je n'ai jamais compris les couleurs des **POUBELLES** de recyclage.	☐	X
J'adore les **LÉGUMES**… mais je suis incapable de les cuisiner !	☐	X
Quand je pars en **VOYAGE**, j'emporte toute la salle de bains avec moi…	☐	X
J'esquive les anniversaires parce que je suis toujours fauchée pour les **CADEAUX**.	X	☐
J'ai un milliard de **SACS PLASTIQUES**, dont je ne sais plus quoi faire, dans ma cuisine.	☐	X
Dans mon armoire, il y a des **VÊTEMENTS** neufs que je n'ai jamais portés (j'ai honte).	☐	X
Si j'achetais moins de choses inutiles, je pourrais partir en **VACANCES** plus souvent.	☐	X
Je suis adepte du **« AU CAS OÙ »**, je ne me sépare de rien…	☐	X
Ma cuisine est pleine de **MACHINES**… que je n'utilise jamais !	☐	X
Je cuisine toujours trop… et je ne sais pas quoi faire avec mes **RESTES**…	☐	X
Je rêve de produits **« TOUT EN UN »** pour gagner de la place dans mes placards.	X	☐

UNE MAJORITÉ DE VRAI

Tu as envie de rendre le monde plus beau, protéger la planète, apporter ta petite contribution… mais tu ne sais pas encore comment faire ? Ce livre va t'aider à trouver pleins de petites astuces qui font la différence. Toi et moi on va essayer de rendre ta vie plus simple… et plus belle !

UNE MAJORITÉ DE FAUX

Tu as déjà plein de solutions pour une vie plus simple, je te félicite !
Avec ce livre, tu vas devenir un superhéros du zéro déchet ! Tu vas pouvoir approfondir tes connaissances et mettre en pratique de nouvelles choses ! Plein de belles perspectives en somme !

LES BONS DÉCHETS

Pourquoi tout n'est pas à jeter, pourquoi et comment il faut apprendre à les réutiliser, à les recycler et à les valoriser.

QU'EST-CE QUE LES BONS DÉCHETS ?

→ Ceux qui n'en sont pas vraiment

→ Des déchets auxquels on peut donner une seconde vie

→ Des déchets qui peuvent nous nourrir

→ Des déchets qui se transforment même en cadeau !

En somme, ce sont des déchets qui entrent dans un cycle de vie...

VOICI QUELQUES EXEMPLES DE BONS DÉCHETS DU QUOTIDIEN

- **les déchets végétaux** (épluchures, coquilles d'œufs, noyaux de fruits, graines, racines...)
- **les déchets organiques standard** (ongles, cheveux, poils humains et animaux...)
- **les déchets alimentaires** (restes non consommés et jetés, marc de café, sachets de thé...)
- **certains déchets papier** (journaux, emballages, carton, papier...)
- **le verre** (pots de confiture, pots de moutarde, bouteilles...)
- **la cendre**
- **les déchets en bois** (palettes, etc.)

LES MAUVAIS DÉCHETS

QU'EST-CE QUE LES MAUVAIS DÉCHETS ?

→ Ce sont les déchets qui potentiellement et/ou réellement ne peuvent pas être recyclés

→ Ceux qui, même si tu ne voulais pas faire de mal à la planète, en vrai vont lui causer du tort un peu quand même… parce qu'ils risquent de passer un bon bout de temps sur Terre

Il faut tout de même apporter une nuance aux mauvais déchets : autant certains mauvais déchets ne se recyclent pas du tout, autant certains peuvent avoir tout de même une seconde vie… grâce à toi !

LES DÉCHETS NON RECYCLABLES

- **Certains déchets papier** (emballages gras ou souillés, cartons de pizza, papier peint, mouchoirs en papier, papier absorbant, papiers gras…)
- **Mégots de cigarette**
- **Le plastique** (PET, emballages, cartouches d'encre…)
- **L'aluminium** (barquettes alimentaires souillées, aérosols, aluminium alimentaire…)
- **Couches-culottes**
- **Ampoules**
- **Le verre brisé** (vaisselle, miroir, néon…)
- **Porcelaine**
- **Coton** (disques démaquillants, Cotons-tiges…)
- **Lingettes** (pour bébé, pour nettoyer la maison, pour le corps…)
- **Les moules en silicone**

VOICI QUELQUES EXEMPLES DE DÉCHETS QU'IL EST POSSIBLE D'ÉVITER

- **L'aluminium non souillé** par les aliments ou propres (canettes, boîtes de conserve…)
- **Les briques alimentaires**
- **Les bouteilles d'huile**
- **Le plastique** (bouteilles, flacons opaques…)

KÉSAKO ?

POURQUOI ET COMMENT S'Y METTRE

COMMENT ?

Deux possibilités s'ouvrent à toi :

- soit tu peux confier la gestion de tes déchets à ta municipalité, au risque que peu de déchets soient réellement recyclés ou du moins que tu ne saches pas vraiment ce qu'ils deviennent
- soit tu prends ton destin en main, tu deviens le/la pro de la gestion de déchets, et tu décides de réduire considérablement ton impact écologique.

La bonne nouvelle dans tout ça, c'est que je vais te livrer tous mes petits secrets pour mettre en marche ta nouvelle vie zéro déchet !

POURQUOI ?

Actuellement un habitant produit plus de 350 kg de déchets ménagers par an...

Autant dire que les poubelles débordent, et que, même si beaucoup d'ordures sont recyclées, il reste une grande partie qui ne l'est pas...

Il est donc grand temps de revoir notre manière de consommer, afin de réduire notre impact écologique et de protéger notre magnifique planète.

LIRE LES ÉTIQUETTES

Les étiquettes alimentaires, c'est le nerf de la guerre.
Elles te donnent toutes les indications sur la composition de tes produits.
C'est, je pense, la première chose qu'on devrait regarder quand on achète un produit manufacturé.

POURQUOI LIRE LES ÉTIQUETTES?

Pour nous faire consommer encore et encore plus, les industriels ont créé les additifs alimentaires. Ce sont des produits naturels ou chimiques (souvent chimiques) ajoutés aux denrées alimentaires et qui sont censés les améliorer.

On retrouve par exemple des exhausteurs de goût, des colorants, des agents liants, des trucs pour que la nourriture se conserve plus longtemps, des trucs pour remplacer le sucre... Des trucs qui bien souvent sont mauvais pour notre santé.

COMMENT LIRE LES ÉTIQUETTES ?

Le sucre caché : plusieurs noms pour le sucre dans les étiquettes -> fructose, saccharose, stevia, isoglucose

Arôme/arôme naturel : arôme vanille = arôme chimique ; arôme de vanille = arôme naturel à au moins 95 %

Le glutamate monosodique : exhausteur de goût chimique qui pourrait être toxique à haute dose et présent dans quasiment tous les produits indus. Plus de 20 noms différents (GMS, glutamate, arôme artificiel, levure rajoutée..., E621)

Les E... : attention ! Ne sont pas toujours indiqués en E-qqchose, mais souvent des noms compliqués. Additifs chimiques : conservateurs, épaississants, émulsifiants, auto-oxydants...

D'OÙ VIENNENT VOS PRODUITS? ATTENTION À LEUR PROVENANCE.

Exemple : Miel/Huile

Provenance : Europe et hors EU. Donc ces produits viennent de toute la galaxie ;)

Ou encore

« Viande élevée en Allemagne et abattue en France »

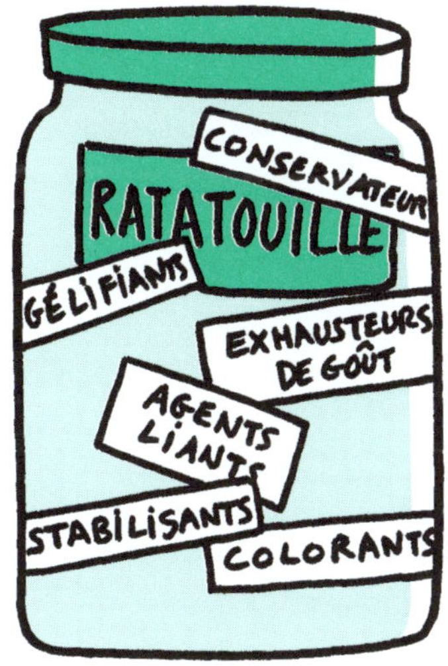

LE PETIT CONSEIL LECTURE

Additifs alimentaires Danger ! de Corinne Couget, LE guide des additifs alimentaires.

LA RÈGLE D'OR

Moins l'étiquette comporte d'ingrédients, mieux c'est!
Plus c'est local/proche, mieux c'est!

KÉSAKO ?

TRUCS QUI MOTIVENT GRAVE

LE BON SENS ! EN PLUS À LA CAMPAGNE, LA DÉMARCHE DEMANDE MOINS D'EFFORT ! SI FACILE, SI ÉCONOMIQUE, GAIN DE TEMPS, ACHATS DE PRODUITS LOCAUX EN VRAC = NOUVELLES RELATIONS, SOLIDARITÉS... C'EST LE BONHEUR !
Marie

PERSO, JE TROUVE ÇA VRAIMENT FUN, ÇA M'AMUSE DE TROUVER DES MAGASINS DE VRAC, DES SOLUTIONS !
Mailys

MARRE DE DESCENDRE LA POUBELLE.
Stéphanie

APPORTER MA PETITE CONTRIBUTION POUR FAIRE DU BIEN À LA PLANÈTE, ET PARTAGER ET PEUT-ÊTRE DONNER ENVIE À D'AUTRES D'AVOIR LA MÊME DÉMARCHE...
Isabelle

JUSTE POUR ÇA : "SOYEZ LE CHANGEMENT QUE VOUS VOULEZ VOIR DANS LE MONDE." GANDHI
Stéphanie

DEPUIS QUE JE SUIS PETITE ON M'A APPRIS À NE PAS GASPILLER ET À RECYCLER. JE NE SUIS PAS ENCORE AU ZÉRO DÉCHET, MAIS CHAQUE FOIS QUE JE FAIS MES COURSES, JE FAIS DE MON MIEUX POUR MINIMISER MES DÉCHETS.
Pauline

NE PLUS AVOIR À VIDER LES POUBELLES ^^ ET L'ASPECT ÉCOLOGIQUE.
Amandine

TOI ! PARCE QUE J'AI TOUJOURS ADORÉ LA NATURE ET QUE J'ADORE MA PLANÈTE. ELLE EST TELLEMENT BELLE ! J'AIMERAIS LA PROTÉGER LE PLUS POSSIBLE ET LES ÊTRES (HORS HUMAINS) AUSSI.
Laëtitia

LA PLANÈTE QUE JE LAISSE À MA FILLE.
Laurie

RESPECTER LA TERRE, LAISSER UN MONDE MEILLEUR AUX PROCHAINES GÉNÉRATIONS, ET.... JUSTE POUR LE BON SENS, EN FAIT.
Carole

LA BEAUTÉ DE LA NATURE.
Saskia

LE RECYCLAGE

Le recyclage, c'est plutôt un casse-tête, alors autant essayer de comprendre maintenant.

Si je suis devenue une fille zéro déchet, c'est aussi parce que je ne comprenais rien au recyclage, et que j'avais une flemme monstre de m'y mettre...

Comme ce concept n'est pas évident pour beaucoup d'entre nous... voici mes petits conseils pour comprendre les bases du recyclage :

- Papier/carton propre → va dans la poubelle jaune, les « bornes » à papier/carton
- Bouteilles d'eau → poubelle jaune
- **Papier/carton usager** (boîtes de pizza, papier graisseux, mouchoirs usagers...) → poubelle noire (non recyclable)
- **Couvercles bocaux** → poubelle noire, car non recyclés
- Verre → les bornes à verre (sauf les bouchons, qui vont dans la poubelle jaune)
- Emballages (bouteilles, flacons en plastique, briques, boîtes de conserves, canettes...) → poubelle jaune
- **Plastiques fins** (sacs, couverts, assiettes, pailles, cosmétiques, opercules...) → poubelle noire (pas de recyclage possible)
- Encombrants (les gros trucs) → à la déchetterie
- Les déchets verts (pelouse par ex) → plateformes/récupération souvent mises en place par la mairie
- Déchets organiques → compost perso, compost collectif, ou récupérés par les mairies
- Produits dangereux (javel, insecticides, radios, batterie, piles, laques...) → repris en magasin ou déchetterie

TIPS

Applications recyclage pour se simplifier la vie, souvent les villes ont leur propre appli. sinon applis nationales ex :

LA FIBRE DU TRI : application qui va te permettre de trouver les points de collectes des vêtements en bon état ou usagers

TRIEZFACILE ET LE GUIDE DU TRI : applications qui vont t'aider à trier tes déchets

ECOPOINTS : application pour géolocaliser tous les points de collecte du verre

SMARTCYCLE : application participative pour géolocaliser les objets jetés ou abandonnés et leur donner une seconde vie. Dans le même style, il existe l'appli CO-RECYCLAGE

LE COMPOST

À la maison je ne cuisine que du frais, du coup j'ai des tonnes et des tonnes de déchets organiques. Je cherchais une solution pour pouvoir baisser le volume de mes poubelles, et c'est comme ça que j'ai découvert le compostage. C'est-à-dire l'art de faire fermenter ses déchets pour en retirer le meilleur (ça peut paraître étrange, mais c'est génial)

IL EXISTE 3 TYPES DE COMPOSTEURS

- **Le lombricomposteur d'appartement :** c'est un ensemble de bacs à étages qui récupère les déchets, qui seront mangés par des vers (lombrics), qui les transformeront en un terreau fertile et précieux
- **Compost en tas :** c'est le fait de composter ses déchets directement dans son jardin dans un espace dédié à cela
- **Bacs à compost (chez soi, mairie, asso) :** c'est un bac de taille variable, dans lequel on composte sans l'aide des vers

LES 3 MÉTHODES ONT DES AVANTAGES ET DES INCONVÉNIENTS

LE LOMBRICOMPOSTEUR

(+) : on doit apprendre à gérer un véritable microcosme, peuplé de vers, de bêtes, avec ses règles, ses équilibres... Parfois c'est un exercice fastidieux, mais ô combien passionnant !

(−) : risques de moucherons, difficile à gérer quand on est en appart, de surcroît sans fenêtre dans la cuisine...

COMPOST EN TAS

(+) : plusieurs formats possibles en fonction de la taille du jardin, c'est la nature qui fait tout le boulot, (+) : de possibilité au niveau de ce qu'on peut mettre dans le compost (par exemple, de la viande)

(−) : il faut un jardin ! pas jolis visuellement, peut attirer les nuisibles

BAC À COMPOST

(+) : petit format possible, transportable, peut être géré par la collectivité/mairie

(−) : parfois trop de liquide, difficile à équilibrer quand on est novice

COMPOSTER EN APPARTEMENT

En appartement le lombricompostage est, je pense, la méthode la plus pratique.

Voici quelques règles à respecter pour bien vivre son compostage et rendre heureux ses petits vers chéris :

1 Donner un nom à notre premier vers acheté (dans une boutique spécialisée ou dans une ferme à vers)

(Anecdote rigolote : mon premier ver s'appelait Boubacar Ier et son bébé s'appelait Jean de Florette. Tout ceci est complètement vrai)

+ donner beaucoup d'amour à toute la communauté

2 Équilibrer le lombricomposteur avec de la matière cartonnée (déchets Bruns, Durs et Secs, c'est-à-dire papier, carton, boîtes d'œufs...) et de la matière azotée (déchets Verts, Mous et Mouillés : épluchures de fruits, restes de légumes, à hauteur de une à deux parts de matières azotées pour une part de matières carbonées)

3 Ce qu'on peut mettre dans son lombricomposteur : épluchures de fruits et légumes, fruits et légumes, champignons, un peu de croûtes de fromage, café, sachets de thé, coquilles d'œufs

4 À éviter dans le Lombricomposteur :

Peaux d'agrumes, oignon, ail : trop acides

Peaux de bananes, melon, pastèque : vont attirer des hordes de moucherons

Peaux de pommes de terre : pourrissent, les vers ne mangent pas les déchets avec de l'huile

Coquilles de fruits secs : trop longues à se décomposer

Produits à base de lait, de poisson, os, viande

Avocat : met beaucoup de temps à se décomposer

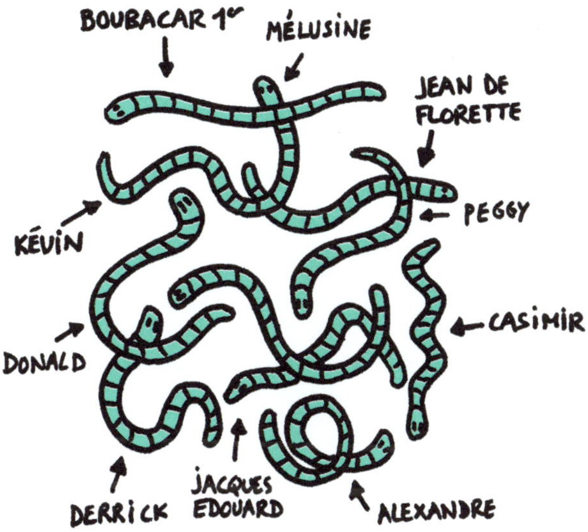

TIPS

Les trucs bizarres qu'on peut mettre dans son compost : les ongles, les cheveux, les déchets des aquariums (plantes et algues)

KÉSAKO ?

MON QUOTIDIEN MINIMALISTE

Le mot « minimaliste » est souvent employé à tort et à travers sans qu'une signification précise lui soit associée... En fait, il existe autant de définitions que de minimalistes... S'il fallait synthétiser, pour moi, le minimalisme, c'est une recherche d'une vie plus simple, plus épurée. Il peut se traduire par une maison avec des murs blancs, peu de déco, peu de choses, comme un désir de ne posséder que ce dont on a vraiment besoin. Je dirais que je suis plutôt dans cette catégorie-là. Je possède peu de choses, mais uniquement des choses qui ont un sens.

DANS MA CUISINE, je n'ai pas mille accessoires, mais seulement ceux qui me servent au quotidien.

DANS MA SALLE DE BAINS, je n'ai plus rien d'industriel/chimique, et je pioche dans ma cuisine pour trouver de quoi prendre soin de moi.

DANS MA GARDE-ROBE, je bats tous les records vu que je n'achète plus de vêtements depuis 6 ans

QUANT À MON SALON... Il ne contient que ce dont j'ai besoin : de quoi travailler et lire ;)

Mon minimalisme, c'est aussi une manière de vivre, de reconsidérer l'objet.

Contrairement à ce que la société de consommation peut nous faire croire, l'objet n'est pas un consommable, que l'on jette quand on a décidé d'en aimer un autre...

C'est quelque chose qui nous a accompagnés à un moment plus ou moins long de notre vie, avec une histoire. Et à ce titre il doit être respecté. Aimé. Et ne pas finir au fond d'une poubelle à la moindre occasion ;)

MA VISION DU MINIMALISME, c'est une manière de dire que le fait de posséder des choses, le fait d'acheter, ne me rend pas heureuse.

Mon bonheur n'est maintenant plus conditionné par des choses matérielles...

LES USTENSILES/ LES ÉQUIPEMENTS

Dans la cuisine, essayez d'avoir le moins de choses possible. Cuisinez des plats de A à Z avec des ustensiles simples et pratiques. Pas d'accessoires en tout genre pour mixer/hacher/râper/trancher/battre... Ni de robot à tout faire qui cuisine à ma place. Il faut que ce soit simple et efficace, quitte à se creuser un peu les méninges... Au moins vous aurez la sensation de maîtriser votre plat et la satisfaction de l'avoir réalisé vous-même. Vous verrez, ça devient même amusant !

LES BASIQUES

- Vaisselle/couverts : j'en ai très peu, 3 sets, 1 pour le chéri, 1 pour moi et 1 pour les flemmes de vaisselle. Si je reçois des amis à la maison... j'emprunte la vaisselle chez la belle-mère :)
- Verres : j'ai tendance à utiliser les pots à moutarde. J'en ai très peu aussi.
- Un petit four
- Un robot mixeur simple et basique
- Quelques plats en verre, un saladier, et quelques ramequins qui me servent pour à peu prêt tout (même pour les muffins)
- Une spatule, une cuillère, une planche à découper en bois
- Quelques couteaux de cuisine
- Un fouet, une louche, un verre doseur, une râpe à fromage/carottes, un rouleau à pâtisserie
- Une théière en fonte et/ou cafetière à l'italienne
- Une grande casserole, une petite, une poêle, une cocotte, une passoire
- Quelques Tupperware en verre

LES + PAS TOTALEMENT INDISPENSABLES, MAIS QUI, QUAND MÊME, FACILITENT BIEN LA VIE

- Une machine à lait (parce que le lait est plus fin)
- Un déshydrateur (gain de temps énorme)
- Un cuiseur à riz (économie d'eau)
- Une yaourtière
- Une machine à pâte

LES TRUCS DONT ON PEUT FACILEMENT SE PASSER

- Le four à micro-ondes
- Des moules et accessoires en silicone
- Une bouilloire
- Des gadgets divers pour découper les légumes
- Un Thermomix

ASTUCES CUISINE

ASTUCES CUISINE

- Utiliser les ramequins pour les muffins
- Remplacer les sachets de congélation par des torchons humides (fruits et légumes)
- Remplacer le Sopalin par des serviettes en tissus ou des chutes de tissu
- Ou encore faire tremper des tissus dans de l'eau et du vinaigre, et ajouter éventuellement des agrumes → permet d'avoir des lingettes humides en permanence
- Utiliser les séparateurs de feuilles de brique comme papier sulfurisé
- Réutiliser plusieurs fois son papier sulfurisé
- Pour nettoyer l'intérieur des bouteilles en verre : mettre des grains de riz crus dedans avec de l'eau et remuer
- Pour raviver la salade verte un peu flétrie, tremper le « cul » de la salade dans l'eau
- Pour raviver les légumes un peu flétris, les mettre dans de l'eau avec du bicarbonate

ASTUCES POUR UTILISER SES PRODUITS EN TROP ET ÉVITER LE GASPILLAGE

- Le blanc d'œuf servira pour : les meringues, les macarons, les financiers, un gâteau aéré, une mousse au chocolat, des langues de chat
- L'eau des pois chiches : pour la mousse aux chocolat, remplace les blancs d'œufs
- Trop de crêpes : aumônière, sushis sucrés, rouleaux apéritif, gâteau aux crêpes, crêpes farcies à faire gratiner au four
- Trop de pâtes : gratin, gâteau de pâtes au four, soupe de pâtes (mixer, ajouter de la crème + bouillon de légumes ou eau)
- Trop de riz : sushis, salade de riz, riz au lait, riz cantonnais, galettes de riz aux légumes
- Trop de semoule (nature) : salade, couscous, gâteau semoule, croquettes type falafels

ASTUCES DE PRÉPARATION

- Couper tous les oignons, herbes, ail… Les mettre dans un bocal et les congeler (gain de temps)

LE TRUC EN +
Les mettre dans des bacs à glaçons

- Conserver toutes les épluchures au congel (fruits et légumes bio : obligatoire)
- Préparer les pâtes à garnir et les congeler (à pizza, à tarte…)
- Préparer d'avance les pâtes fraîches et les congeler

ASTUCES POUR RÉUTILISER LES EAUX DE CUISSON

- **Eau des pommes de terre** : pour laver le sol ou la vaisselle (accroche bien la graisse) / désherbant
- **Eau du riz** : masque visage / cheveux / problème de transit type diarrhée / arroser les plantes (attention, sauf si elle est salée) / fabriquer du lait de riz

- **Eau des légumes** : bouillon (recuire des pâtes dedans ou s'en servir pour la soupe), arroser les plantes (attention, sauf si elle est salée)
- **Eau des œufs durs** : pour arroser les plantes
- **Eau des pâtes** : désherbant
- **Eau des champignons** : pour aromatiser des plats

ASTUCES POUR UTILISER LES ALIMENTS PÉRIMÉS OU SUPER ABÎMÉS

- **Fruits et légumes** : smoothies, compotes, agrémenter les gâteaux, faire sécher pour barres de céréales ou granola
- **Pain** : pain perdu, chapelure (le mixer → possibilité de faire un crumble ou des nuggets), pudding, le passer sous l'eau (rapidement), le mettre au four → de nouveau frais
- **Yaourt périmé de moins de 5 jours** : gâteau au yaourt, remplace les œufs ou le beurre dans la pâte à crêpes

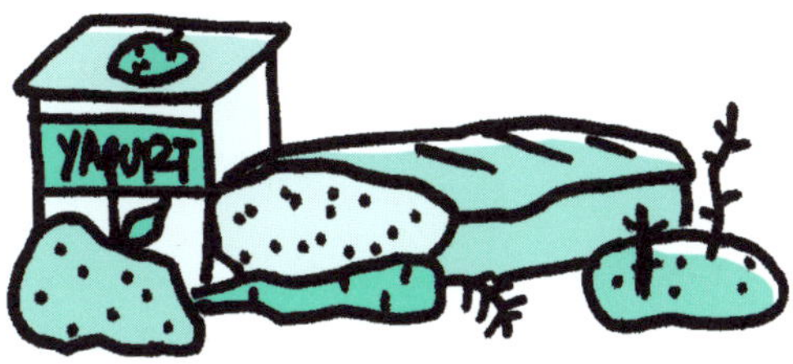

LES ALTERNATIVES À L'ÉPONGE

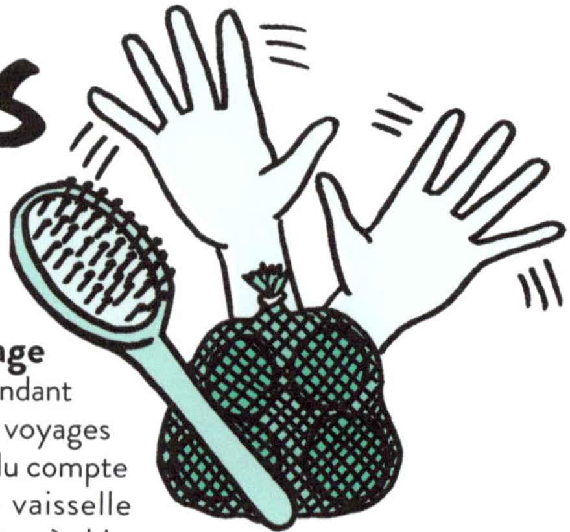

Avant j'utilisais beaucoup d'éponges, que je jetais quand elles commençaient à fatiguer... Puis je me suis rendu compte qu'il existait plein de moyens de nettoyer sa vaisselle sans créer de déchets... et que ça pouvait même être fun !

→ **La tawashi :** ce sont des petites éponges tissées fabriquées souvent à base de bouts de tissus, de collants, ou réalisées en tricot ou au crochet

\+ : facile à confectionner soi-même, ludique, permet de recycler ses tissus

\- : longue à sécher, saletés qui peuvent rester entre les mailles. Parfois les tawashi sont tellement jolies que j'ai du mal à les utiliser pour la vaisselle

→ **Les brosses en bois :** brosses de différentes tailles pour laver la vaisselle

\+ : dure super longtemps, efficace pour la vaisselle difficile, le bois peut être recyclé

\- : attention à la qualité, parce que les premiers prix se cassent vite, sont encombrantes, parfois pas assez précises et pratiques (par exemple, pour nettoyer un verre...)

→ **Les filets de fruits et légumes :** mon astuce de radine ultime ! Je récupère les filets en plastique des fruits et légumes (pommes de terre, citrons...), je les mets en boule et je lave ma vaisselle avec ça

\+ : dure super longtemps, recycle des déchets, gratuit

\- : un peu rigide au début, mais on s'habitue

→ **Le lavage à la main :** pendant mes multiples voyages je me suis rendu compte que la petite vaisselle simple pouvait très bien se laver à la main

\+ : tu peux pas faire + zéro déchet

\- : efficace quand la vaisselle n'est pas trop sale

→ **L'éponge végétale ou loofa :** elle est issue d'une plante cousine des courges et des concombres

\+ : écologique, économique, biodégradable, naturelle, compostable

\- : il faut un jardin pour les cultiver

ASTUCE

LA MÉTHODE INDIENNE, LES QUEUES DE NOIX DE COCO !
Pendant mon voyage en Inde, j'ai découvert une autre méthode pour nettoyer la vaisselle. Là-bas, les gens utilisaient des queues de noix de coco, qu'ils trempaient dans de l'eau, puis dans un bol de cendre, et ils frottaient la vaisselle avec ça !

LE LIQUIDE VAISSELLE

Tout comme l'éponge, le liquide vaisselle me posait un problème parce qu'il est bourré de produits chimiques, et qu'il produit un emballage.

J'ai donc trouvé quelques alternatives écolos et zéro déchet : • savon noir • cake vaisselle (DIY dans les blogs) • vinaigre • eau des patates • savon de Marseille (non gras) • cendre • pierre d'argile (recettes simples sur Internet)

LA CONSERVATION

REMPLACEZ LES SACS DE CONGÉLATION

Quand j'ai commencé ma démarche zéro déchet, j'ai été très vite bloquée par la conservation des aliments.

Comment faire pour avoir des fruits et légumes toute l'année sans acheter ceux qui viennent du bout du monde en grande surface ? Comment avoir des condiments et autres pour assaisonner mes plats et desserts sans acheter des produits emballés ? Que faire de mon surplus ou de mes déchets de fruits et légumes ? J'ai donc dû trouver des solutions pour conserver mes aliments...

OBJECTIF : JE CHERCHE À REMPLACER TOUT CE QUI POTENTIELLEMENT FINIT À LA POUBELLE.

LE CONSTAT

J'utilise des sacs en plastique de congélation régulièrement.

Même si je les lave et que je les ré-utilise, à un moment, ils finissent à la poubelle.

En dehors de ça, je ne suis pas convaincue que le plastique ne soit pas nocif, et qu'il n'y ait pas un transfert au niveau des composants à un moment ou à un autre.

Donc je devais trouver une solution pour remplacer ces sacs...

COMMENT J'AI FAIT ?

- En fait la solution est hyper simple.
- Mais pas juste simple...
- Simple de compèt !
- J'ai remplacé les sacs par des pots en verre et des torchons !

BON, ET EN VRAI C'EST UNE BONNE IDÉE OU PAS ?

Oui, c'est carrément une sacrée bonne idée en réalité.

Je ne produis plus de déchets, mes aliments ne passent pas des semaines dans du plastique. Tout bénef !

Un petit inconvénient cependant... : ça prend de la place...

Mais en même temps, dans la mesure où je consomme frais, local et de saison, je n'ai pas trop de trucs dans mon congel... Donc ça reste une bonne solution.

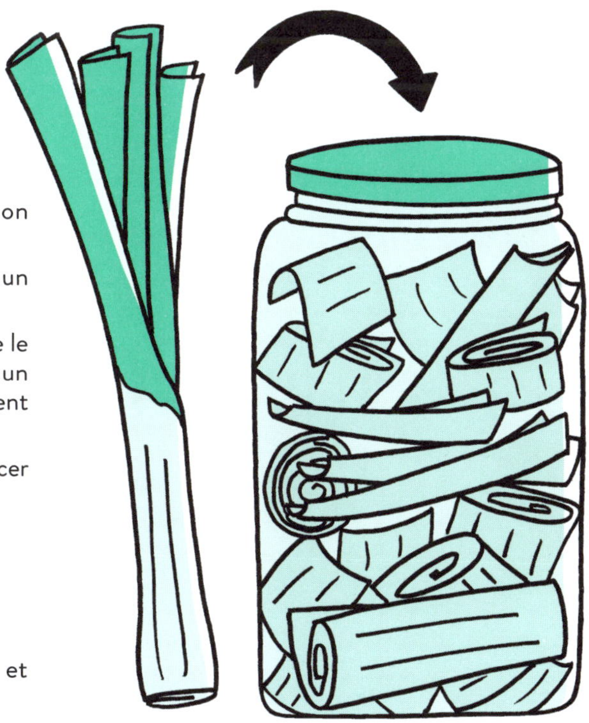

MON FRIGO ALIMENTS FRAIS

VOUS TROUVEREZ DANS MON GARDE-MANGER

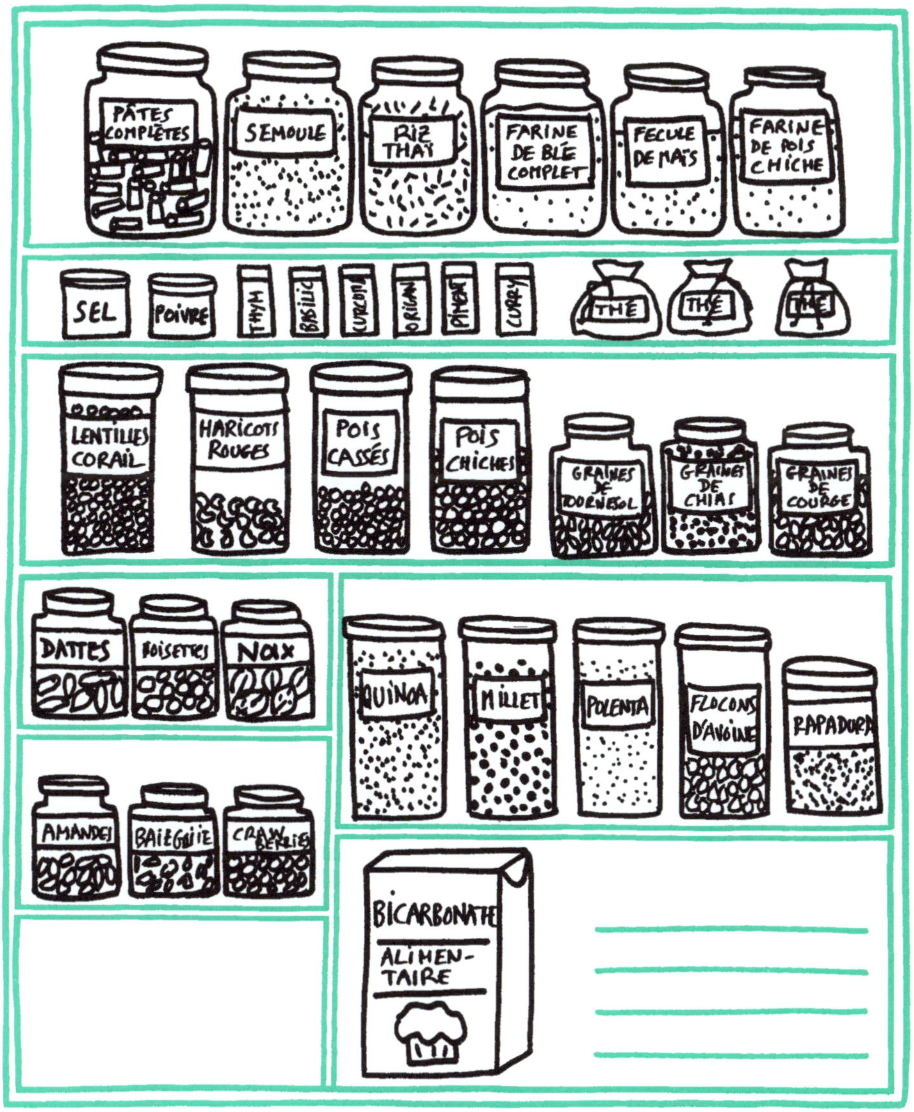

LES AUTRES MÉTHODES DE CONSERVATION

LA LACTOFERMENTATION

C'est l'art de conserver les légumes (et quelques fruits) grâce au sel... et aux microbes ! Si si !

La Lactofermentation permet en effet de conserver les aliments durant des années de manière tout à fait naturelle, grâce aux bactéries lactiques naturellement présentes dans les aliments.

COMMENT FAIRE ?

Il te faut : de l'eau de source (l'eau du robinet chlorée ne convient pas), du sel marin (et non raffiné), un bocal en verre qui se ferme hermétiquement avec un joint un caoutchouc, et des légumes !

1) Il est conseillé de stériliser son bocal, en le mettant quelques minutes au four, ou dans de l'eau bouillante

2) Mélange l'eau et le sel (une cuillère à soupe de sel par litre d'eau)

3) Coupe les légumes en morceaux et mets-les dans le bocal

4) Ajoute des aromates si le cœur t'en dit

5) Verse l'eau salée dans le bocal à ras bord

Et ... c'est fini !

Tu n'as plus qu'à conserver ton bocal à température ambiante la première semaine, dans un endroit frais. Et tu pourras consommer tes légumes jusqu'à des années plus tard.

Attention : Dans les premiers jours tu risques de voir dans ton bocal des dépôts grisâtres au fond et un voile blanc sur le dessus... C'est bon signe, la fermentation est en route. Tout disparaît très vite :)

+ : procédé écologique : pas besoin d'énergie pour conserver, très bon pour la santé, besoin d'aucun conservateur

- : hum... aucun !

TIPS

La saumure (le mélange eau + sel), une fois les légumes consommés, peut être utilisée pour assaisonner les plats..., donc zéro déchet !

LA DÉSHYDRATATION

C'est un procédé que j'utilise beaucoup en cuisine pour conserver mes fruits et légumes, pour préparer d'avance mes assaisonnements, mes snacks, mais aussi pour recycler mes déchets alimentaires.

Déshydrater revient à éliminer l'eau des aliments (environ 80 %), et empêche les bactéries de se développer : les aliments pourront être conserver très longtemps.

Il existe ensuite plusieurs manières de consommer ces aliments, qu'on les réhydrate ou pas.

COMMENT DÉSHYDRATER ?

Il existe 2 méthodes :

@ **Au four :** excellent moyen de déshydrater les aliments. Il suffit simplement de déposer les aliments à déshydrater coupés en morceaux sur du papier sulfurisé et de les laisser au four, à basse température, pendant quelques heures.

Conseil : laisser la porte du fort entrouverte.

+ : méthode simple

- : consommation d'énergie, risque que ça brûle si on n'est pas vigilant

@ **Au déshydrateur :** le déshydrateur électrique est ce qu'il y a de plus pratique à mon sens. Souvent il est composé de plusieurs étages, ce qui permet de déshydrater différents fruits et légumes en même temps sans que les odeurs se mélangent.

Aucune surveillance nécessaire : on choisit la température et le temps de déshydratation et il fait tout tout seul !

+ : très simple et rapide. Beaucoup de produits déshydratés en même temps, basse consommation d'énergie

- : il faut se procurer une machine, donc dépenses (on en trouve à bas prix) + un objet en plus dans la cuisine

POURQUOI DÉSHYDRATER ?

DÉSHYDRATER POUR CONSERVER

Déshydrater tes aliments va te permettre de les conserver longtemps et à les utiliser quand tu en as besoin. Tu peux déshydrater et conserver à peu près tous les fruits et légumes, ainsi que la viande et le poisson.

DÉSHYDRATER POUR RECYCLER

Je me sers de mon déshydrateur pour recycler mes épluchures de fruits et légumes.

En effet, j'avais beaucoup trop de déchets, et je n'arrivais plus à les composter, du coup, je devais trouver une solution.

Je me suis donc mise à déshydrater toutes les épluchures de fruits et légumes que j'avais tous les jours à la maison, et à les conserver jusqu'à ce que j'en aie une utilité.

Par exemple, réduits en poudre :

- Peau de banane, de pomme, de poire : pour aromatiser les desserts, fabriquer du sucre aromatisé
- Peau des concombres : utilisation en cosmétique naturelle
- Peau d'agrume : pour aromatiser les plats et desserts, ou les utiliser en cosmétiques

DÉSHYDRATER POUR CUISINER

La déshydratation est surtout d'une grande aide pour la cuisine.

Outre le fait qu'on conserve les aliments, on peut réaliser des supers plats avec des fruits ou légumes déshydratés sans avoir besoin de les réhydrater.

Cakes, gâteaux, pâtisseries avec des fruits secs, décorations de plats, ou recettes à base d'aliments frais et déshydratés...

DÉSHYDRATER POUR GRIGNOTER

C'est un super moyen de se préparer des petits snacks super sains comme les chips de fruits et de légumes (pommes, bananes, aubergines, ou courgettes, carottes), des fruits séchés (mangues ou kiwis !), ou encore des thés aromatisés succulents (en laissant tremper des carrés de fruits dans l'eau chaude).

DÉSHYDRATER POUR AROMATISER

Avant, j'achetais beaucoup de produits industriels et/ou emballés pour assaisonner mes plats. Mais avec le déshydrateur, je peux préparer mes accompagnements en avance !

Exemple :

- Oignon/ail : je les déshydrate, puis les passe au mixeur, et j'ai toujours à dispo de la poudre pour assaisonner les plats
- Aromates : avant que les plantes ne meurent je les déshydrate et je les réduits en poudre (basilic, thym...).

TIPS

Selon les enseignes, les bocaux et bouteilles sont prêtés gratuitement

TIPS

Attention « vrac » ne veut pas dire forcément bio et local... Il faut toujours regarder la provenance des produits, et leur certification. Cela dit, un produit peut être local et vrac, ne pas être certifié bio, mais être de très bonne qualité.

AVANTAGES/INCONVÉNIENTS

+ : aucun conservateur, aide à la cuisine, n'utilise pas d'énergie pour la conservation , très économique, les minéraux/protéines et autres vitamines sont préservés

– : peut prendre du temps, utilisation d'énergie au moment de la déshydratation, certaines vitamines (C, B1 et B9) sont détruites à 80 % avec la déshydratation

LA CONGÉLATION

Une autre manière de conserver les aliments

+ : conservation longue durée

– : perte d'une grande partie des nutriments, besoin d'énergie pour conserver, en cas de panne du congélateur ou électrique : perte des denrées, limité au niveau de la place

TIPS

Déshydrater de la compote, c'est possible ! et ça donne une pâte qui ressemble à de la pâte de fruit, mais sans le sucre ajouté. On appelle ça du « Cuir de fruit »... et c'est super bon !

TIPS

Tu peux étiqueter de pleins de jolies manières différentes tes contenants
Tu peux récupérer tes anciens bocaux ou les acheter d'occasion (Emmaüs par exemple)

LE VRAC

Il est impossible de parler du zéro déchet sans évoquer le vrac.

ACHETER EN VRAC, ÇA VEUT DIRE QUOI ?

Ça veut dire acheter des produits qui ne seront pas emballés ou conditionnés. Ce qui permet d'éviter les emballages jetables et de privilégier le réutilisable.

Le vrac est aussi une bonne solution pour acheter ses produits dans la quantité dont on a vraiment besoin et donc éviter le gaspillage alimentaire.

Souvent le vrac est aussi beaucoup plus économique que les produits industriels classiques.

Acheter en vrac, c'est faire du bien à la planète et aussi à soi-même : on redécouvre le plaisir des petits commerçants, on prend le temps, on discute, on réapprend à ajuster ses vrais besoins.

En fait, le vrac, c'est super simple... à condition de s'organiser un peu avant ;)

QUE PEUT-ON ACHETER EN VRAC ?

Quasiment tout :

- **Les produits secs :** graines, farines, pâtes, riz, céréales, thé...
- **Les produits liquides :** huiles, boissons, vinaigre...
- **Les produits frais :** fromage, viande, pain...
- **Les assaisonnements :** sel, poivre, épices...
- **Les produits cosmétiques et d'entretien :** savon, shampooing, dentifrice solide, lessive, bicarbonate...
- **Les snacks :** gâteaux, chocolat...
- **Les fruits et légumes**
- **La nourriture pour les animaux :** croquettes pour chien et chat...

OÙ ACHETER EN VRAC ?

Le vrac s'est beaucoup démocratisé, on peut en acheter un peu partout maintenant...

- **Dans les chaînes :** Daybyday, Biocoop, Naturalia, Bio C Bon...
- **Au marché :** pour les fruits, légumes, produits frais, traditionnels et locaux...
- **Chez les petits commerçants :** qu'ils soient spécialisés dans le vrac ou pas, chez le boucher, le fromager ou même le boulanger
- **Dans les grandes surfaces**, le vrac se répand aussi...mais la qualité n'est pas toujours au rdv...

QUELS SONT LES INDISPENSABLES DU VRAC ?

- **Sacs à vrac :** à acheter ou à fabriquer soi-même
- **Tote bags/filets :** pour remplacer les sacs plastiques
- **Sacs à pain**
- **Des sacs en kraft**, que tu peux réutiliser plusieurs fois et qui sont souvent distribués dans les magasins de vrac
- **Contenants en verre :** bocaux, bouteilles d'huile d'olive, Tupperware en verre
- **Anciennes bouteilles en plastique :** pour les liquides d'entretien par exemple

COMMENT STOCKER SES PRODUITS EN VRAC ?

Ce qu'il y a de super avec le vrac, c'est que non seulement c'est écolo, mais en plus c'est joli !

- **Dans des bocaux en verre :** de toutes tailles, de toutes formes
- **Dans des bouteilles en verre :** les liquides, mais aussi les solides (riz, pâtes...)
- **Dans les sacs à vrac :** j'ai des sacs à vrac dédiés, donc je sais quand je dois me réapprovisionner (ex : avoine, lessive en paillette...)

MES RECETTES

Voici plein de recettes toutes végétariennes, ultra-simples et rapides, pour tous les jours et à consommer presque sans modération !

À préparer bien sûr avec des produits de saison et bios autant que possible.

GELÉE D'ÉPLUCHURES DE FRUITS

Avant, j'achetais beaucoup de confitures en pot.
Mais elles reviennent vite chères si on les choisit bio. Et cela fait plein de pots à réutiliser (ce qui est un peu encombrant à la longue).
J'ai donc décidé de fabriquer mes confitures maison... et je me suis rendu compte à quel point, selon les fruits, c'était extrêmement coûteux, surtout avec des fruits bio.
J'ai donc cherché une solution alternative, et c'est comme ça que je suis tombée sur la gelée de pomme.

Dans une pomme, on a tendance à jeter le trognon, les épluchures et les pépins.

Alors que dans la cuisine zéro déchet, ce sont de précieux alliés !

Les pépins par exemple sont bourrés de pectine, c'est-à-dire de gélifiant naturel.

Et c'est grâce à eux qu'on va pouvoir préparer une gelée de pomme maison.

LA RECETTE

Pour cette recette, il te faut :

- **PLEIN D'ÉPLUCHURES**/trognons/pépins de pomme (d'environ 10 pommes)
- **DE L'EAU**
- **LE JUS D'UN CITRON**
- **DU SUCRE** (800 g pour 1 l de jus)

1) Dans une casserole, verser 2 l d'eau et ajouter les épluchures/trognons/pépins
2) Verser le jus de citron
3) Faire chauffer à feu très doux une heure
4) Passer le tout au chinois pour récupérer le jus
5) Mettre le jus dans une casserole/marmite/bassine à confiture et ajouter le sucre
6) Porter à ébullition et laisser cuire 30 minutes

VERSION FEIGNASSE (MA VERSION)

Je verse dans la casserole l'eau, les épluchures/trognons/pépins, le sucre, et je rajoute du gélifiant naturel type agar-agar (pour être sûr que ça gèle bien)... je laisse chauffer une bonne demie heure, je sépare... et je mets la gelée dans les pots.

TIPS

1 J'ai pris l'habitude de conserver mes épluchures et trognons de pommes au congélateur

2 Je n'utilise que les pommes que j'ai coupées au couteau... et pas celles dans lesquelles j'ai croqué ;)

3 Ce qui reste de mes pommes, je le mixe et j'en fais une petite compote d'appoint pour ne pas avoir de déchets

AUBERGINES

En devenant végétarienne, j'ai réellement découvert le goût des légumes. Et aussi que c'est en cuisinant de la manière la plus simple qu'on apprécie vraiment la saveur d'un aliment

POIVRONS

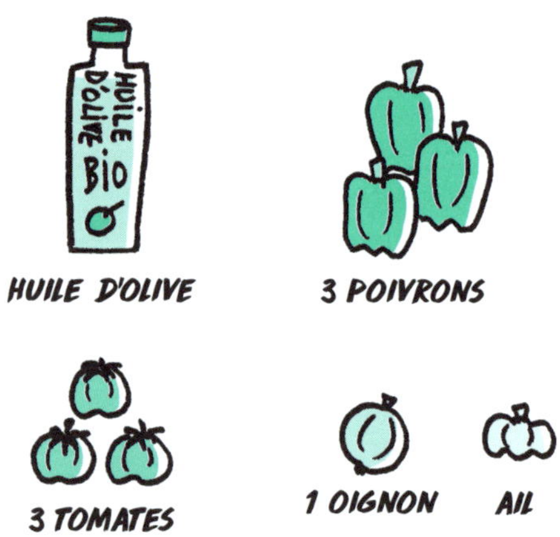

POMMES AU FOUR

QUEL FRUIT À L'HONNEUR POUR CETTE RECETTE ?

La pomme

ALORS, J'AI MANGÉ QUOI ?

Juste **un truc de feignasse** de quand j'ai faim de sucré et que je ne sais pas quoi manger... (d'ailleurs lors de la réalisation de cette recette, j'étais habillée en plaid...)

Donc je prends des **pommes**, je les mets au **four** 30 minutes, une fois qu'elles sont toutes **bien ramollies** je les recouvre de **sirop d'agave** et je les **mange à la cuillère...** Tu verras, c'est tellllllllement bon et tellllllllement simple !
Cette « recette » n'en est pas vraiment une.
Mais elle **vaut toutes les recettes d'Internet du monde.**

SOUPE LENTILLES CORAIL POTIRON

L'hiver, comme il fait froid, les soupes sont souvent la meilleure solution pour un repas simple, et en plus on ne risque pas de louper. J'ai donc testé la soupe potiron lentilles corail.
Eh ben, figure-toi que c'est carrément super bon !
Niveau proportions j'ai fait au pif. Parce que c'est plus marrant.

SOUPE POIREAUX PATATES CHAMPIGNONS

BOISSON AUX AMANDES

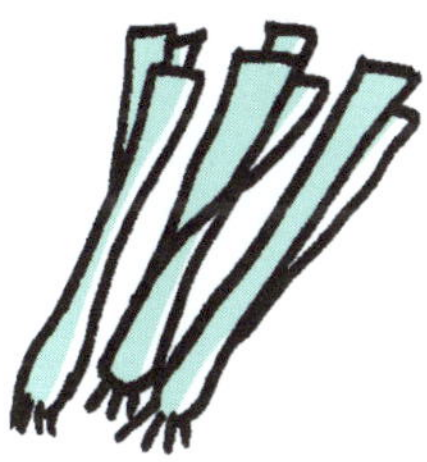

POIREAUX

POMMES DE TERRE

CHAMPIGNONS

BASILIC

ONE POT PASTA

Quand je fais cuire des pâtes, il me reste toujours l'eau de cuisson. Et quand je n'arrive pas à l'utiliser, ça me fait un peu mal au cœur de la gaspiller...
Du coup j'ai trouvé une manière de cuire mes pâtes avec très peu d'eau : je les fais désormais à la poêle ou à la sauteuse

L'idée, c'est de verser les pâtes dans la poêle, puis l'eau par-dessus.

Et de laisser cuire à feu moyen. Tu verras que les pâtes vont absorber l'eau rapidement, et toi, tu n'auras qu'à l'ajouter au fur et à mesure.

Du coup quand tes pâtes seront prêtes il n'y aura pas d'eau en trop.

LE TRUC EN +

Tu peux réaliser aussi ce qui s'appelle un One Pot Pasta.
L'idée, c'est d'ajouter directement dans la sauteuse tous les ingrédients de ton plat : du bouillon, de la sauce, des légumes, du fromage... Et ton plat va se faire tout seul, sans avoir à égoutter, et sans gaspillage !

POMMES DE TERRE AU FOUR

Cette recette est sûrement la plus facile de l'univers.
On pourrait croire que c'est ma recette de quand y a-plus-rien-à-manger-à-la-maison, mais c'est ma recette des jours de fête tellement je l'aime !

- **DES POMMES DE TERRE** (autant que ton estomac te le permet)

- **DES OIGNONS,** beaucoup d'oignons (autant que ton/ta chéri(e) supportera, rapport à ton haleine)
- **DE L'HUILE D'OLIVE** (beaucoup si comme moi tu viens du sud et que tous les chemins mènent à l'huile d'olive)
- **DU SEL ET DU POIVRE**
- éventuellement des **ÉPICES** et des **HERBES** (par exemple, là je suis au Brésil et j'ai remplacé le combo poivre/herbes de Provence par du piment en poudre... et c'était super bon !

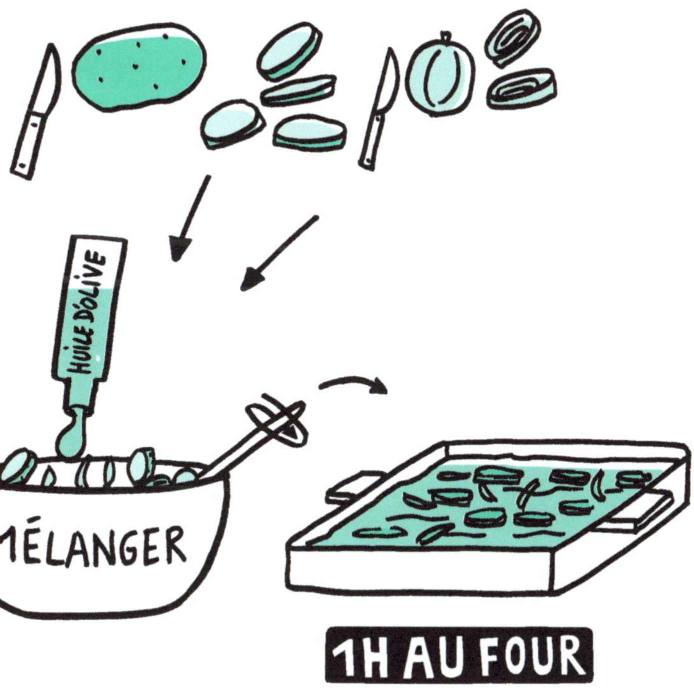

Voilà c'est prêt !
C'est aussi simple que ça et personne ne résistera à ce magnifique plat de pommes de terres fondantes !

POMMES DE TERRE CRÈME-CIBOULETTE

MOUSSE AU CHOCOLAT

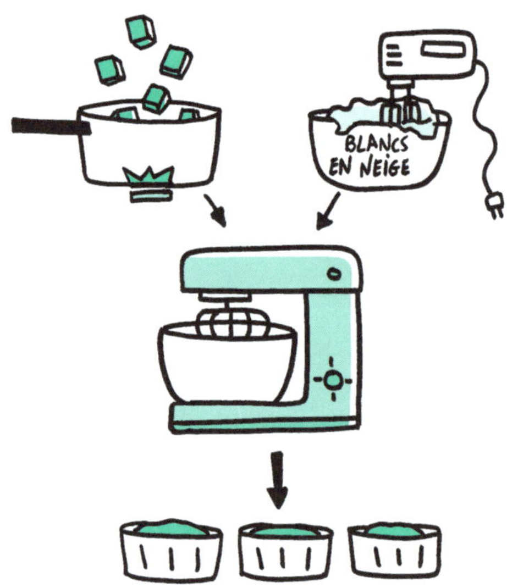

LE GÂTEAU QUI SAUVE

C'est La Recette du gâteau de la dernière chance. Le gâteau de quand y a presque plus rien à manger à la maison parce qu'en vrai il marche avec tout. Il y a une base, et toi, tu peux y ajouter l'ingrédient secret, celui que tu veux en fonction de ce qui traîne dans la cuisine.

3 ŒUFS

3 C. À S. DE MAÏZENA

125G DE SUCRE

75G DE BEURRE

POMMES, BANANE, POIRE, CHOCOLAT, RAISINS...

AU FOUR 15 MN

PANCAKES AUX NUAGES

125G DE FARINE

125G DE MAÏZENA

3 C. À S. DE SUCRE

UN PEU DE LEVURE

30G DE BEURRE FONDU

10G DE CRÈME LÉGÈRE

40 CL DE LAIT

3 ŒUFS

ASTUCE

Remplacer le beurre par de l'huile de coco, c'est trop bien aussi !

LES BANANES MAGIQUES

Il arrive parfois que je laisse un peu trop vivre mes bananes.

Voici une recette de recyclage hyper simple et basique, mais sacrément efficace, quand mes bananes sont au bord du gouffre de la vie.

GRAINES DE COURGE

100 % NO DÉCHET

J'adore les courges, surtout en hiver.

Et chaque fois je me retrouvais avec les graines des courges en déchets, que je jetais dans mon lombricomposteur et qui finissaient par germer et faire des tiges...

Jusqu'au jour où, dans mon magasin bio, j'ai vu ces graines en vrac, qui coûtaient super cher...

Je me suis donc dit que dorénavant, en plus de sauver la planète et mon portefeuille, j'allais pouvoir me faire plaisir !

BOISSON VÉGÉTALE

Quand j'ai commencé à chercher une alternative au lait de vache, j'étais heureuse de constater la diversité de produits proposés : boisson à l'amande, à l'avoine, au riz, aux noisettes, arôme vanille, sucrée, chocolatée...

Mais j'ai vite été confrontée à un double problème : les boissons végétales étaient trop chères d'une part, et que faire des briques vides d'autre part ?

J'ai donc décidé de fabriquer moi-même mes boissons végétales.

QUELS TYPES DE BOISSONS ?

Il est possible de réaliser sa boisson végétale avec plein de produits différents :

- **Amandes :** assez coûteuse, un peu amère. Délicieuse avec du sirop d'agave !
- **Avoine :** la moins coûteuse, la plus facile à faire à la maison, mais n'a pas vraiment de goût, un peu gluante... surtout si on la chauffe !
- **Riz :** pas vraiment de goût, peu coûteuse, parfaite pour remplacer les crèmes liquides et pour la cuisine salée
- **Et aussi :** noisette, soja, chanvre, noix de coco, noix de cajou...

RECETTE DE LA BOISSON VÉGÉTALE À L'AMANDE

Très facile à réaliser, mais demande un peu de temps et d'anticipation.

Pour 1 l environ : 1 poignée d'amandes + 1 l d'eau

1) La veille, faire tremper les amandes dans de l'eau (avec ou sans la peau)

2) Le lendemain, égoutter puis mixer les amandes en ajoutant 1 l d'eau

3) Filtrer le tout avec un torchon propre ou un sac à lait

4) Ajouter du sirop d'agave ou autre selon les envies

RECETTE BOISSON VÉGÉTALE AVOINE

C'est ce que je consomme le plus parce que le lait d'avoine est moins coûteux et plus rapide à préparer.

Pour 1 l de lait : 100 g de flocons d'avoine et 1 l d'eau

1) Mixe ensemble l'avoine et l'eau

2) Plusieurs fois d'affilée pour que le lait soit plus fin

3) Filtre le tout avec un torchon propre ou un sac à lait

4) Ajoute du lait d'agave ou autre selon tes envies

QUE FAIRE DE LA PULPE ?

La pulpe qui va te rester n'est pas du tout à jeter, au contraire, tu vas pouvoir l'utiliser pour plein de plats :

- **Pulpe d'Amande :** smoothies, dans les gâteaux pour remplacer un peu la farine ou donner du goût, dans les gratins pour remplacer la chapelure, pour paner, dans les pâtés végétaux, dans les steaks végétaux, pour cuisiner des muffins... Tips : peut être congelée ou séchée au four
- **Pulpe d'avoine :** à déguster avec un peu de sirop d'agave, pour cuisiner du houmous
- **Pulpe de noix de coco :** dans les glaces, les sorbets, en confiture...
- **Pulpe de noix de cajou :** pour fabriquer une tartinade végétale, dans les salades...
- **Pulpe de riz :** pour fabriquer une béchamel

TRUCS QUI MOTIVENT GRAVE

J'AI DÉCOUVERT Y A QUELQUES JOURS LA RECETTE DE MOUSSE AU CHOCOLAT À PARTIR DU JUS DES CONSERVES OU DE LA CUISSON DES POIS CHICHES ET C'EST DE LA BOMBE. JE JETTERAI PLUS JAMAIS CETTE EAU, ET JE M'EMPIFFRERAI DE MOUSSE AU CHOCOLAT TOUTE LA VIE.
fannynouar

TUPPERWARE BOUTEILLE EN VERRE, JE FAIS MES COURSES AU MAXIMUM AU VRAC ! :D
cannellesept

MERINGUE AVEC LES BLANCS D'ŒUFS POUR LE GOÛTER
apollinerp

GOMMAGE AU MARC DE CAFÉ AVEC UNE HUILE OU SANS
camsmadja

METTRE LE THÉ VERT UTILISER DANS LES POTS DE FLEURS (SUPER ENGRAIS)
apollinerp

SI TU AS DE L'OKARA (PULPE D'AMANDE/ SOJA, À RÉCUPÉRER EN BROYANT LES AMANDES POUR FAIRE DU LAIT OU DU JUS D'AMANDE) TU PEUX LE RÉCUPÉRER POUR REMPLACER LES ŒUFS DANS TOUS LES GÂTEAUX !
loraustralia

UTILISER L'EAU DE LAVAGE DE SALADE POUR ARROSER LES PLANTES DE LA MAISON
marion7838

OU L EAU DE CUISSON DES LÉGUMES PR LES PLANTES VERTES ÉGALEMENT
bene.974

COQUILLE D'ŒUF + RESTES DE MARE DE CAFÉ = ENGRAIS À PLANTES
marinediasdaniel

POUR PAS GASPILLER DE COTONS, DÉMAQUILLANT AVEC DE L'HUILE
juustine_n

QUAND JE FAIS UN GÂTEAU OÙ IL NE FAUT QUE DES JAUNES D'ŒUFS JE GARDE LES BLANCS ET JE LES FAIS CUIRE AVEC DU CURRY!!!
lesastucesdeshasha

DÉJÀ , SI ON ACHÈTE MOINS , ON GASPILLE MOINS ^^
laura_et_nico

LES PLANTES

Je n'achète pas de plantes. Jamais.

J'ai du mal à considérer les plantes et les fleurs comme un bien de consommation classique, qu'on achète puis qu'on jette... Je les vois plutôt comme un être vivant et rempli d'amour qu'on doit voir grandir, dont on doit prendre soin, et à qui on doit donner beaucoup d'amour...

Du coup, depuis plusieurs années, je plante mes déchets pour en faire des plantes. Et j'ai même tendance à les offrir pour les anniversaires ou pour Noël.

VOICI QUELQUES EXEMPLES DE GRAINES QUE TU PEUX FAIRE POUSSER À LA MAISON, SUR LE BALCON OU DANS LE JARDIN :

- **Graines de courge** (attention, poussent très vite, prennent beaucoup de place)
- **Pépins de citron** (donnent une plante qui sent super super bon, poussent très vite)
- **Pépins de pomme/poire**
- **Patates douces** (donnent une jolie plante qui pousse très vite)
Couper une patate douce en deux et plonger la moitié dans de l'eau... Changer l'eau régulièrement
- **Noyau de mangue** (enlever délicatement la fève qui est dans le noyau, la mettre entre deux cotons mouillés, à l'abri de la lumière, dans un bol recouvert de plastique, une fois que la fève commence à germer la planter dans la terre)
- **Noyau de cerise** (idem mangue)
- **Pépins d'agrumes** (idem mangue) attention : ce peut être très long
- **Noyaux de dattes** : plonger les noyaux dans de l'eau tiède, changer l'eau tous les jours, pendant 3/4 jours, puis planter les noyaux dans de la terre
- **Kiwis** : prévoir une vingtaine de graines propres, les parsemer sur de la terre, puis recouvrir de terre, arroser pour que la terre soit humide
- **Tomates** : idem

Attention : ces graines vont donner des plantes, pas des fruits ;)

TIPS

Je me sers de mes bocaux, de mes conserves, de mes pots de yaourts et de mes boîtes d'œufs pour faire pousser mes graines.

DIY "MON PETIT JARDIN INTÉRIEUR"

COMMENT J'AI RECYCLÉ DES COQUILLES D'ŒUFS POUR COMMENCER UN PETIT JARDIN D'INTÉRIEUR

Mets de côté des coquilles d'œufs, de préférence les plus grandes.

Tu peux poser tes coquilles vides sur des bidules comme moi. Des coquetiers ou bien directement dans l'emballage des œufs, ce qui produira encore moins de déchets. Moi, j'avais envie de faire un truc moitié écolo moitié trop mimi.

À l'intérieur tu tapisses de coton puis tu mets des graines. Moi, j'ai utilisé du blé de l'espérance mais ça marche aussi avec plein de trucs comme des lentilles.

Pour la déco, libre à toi et à ton imagination.

Moi, je leur ai dessiné des petits yeux, comme ça j'ai l'impression d'avoir des nouveaux amis.

MON QUOTIDIEN

LES ASTUCES AVEC LES PLANTES AROMATIQUES

Faire sécher les feuilles (les déshydratater, les étaler sur une planche, les suspendre, au four à très basse température) pour les conserver longtemps et les utiliser dans les plats

Congeler les feuilles (soit les mélanger avec un peu d'huile, placer le tout dans des bacs à glaçons, soit les ciseler, ajouter de l'eau et les mettre dans les bacs à glaçons aussi)

→ **Fabriquer du beurre aromatique** (ciseler les herbes, faire ramollir du beurre en le laissant à température ambiante, mélanger le tout jusqu'à avoir une pâte homogène, mettre dans des ramequins et placer dans le congélateur ou frigo)

COMMENT FAIRE POUSSER DES PLANTES AROMATIQUES

Les plantes aromatiques peuvent se trouver en magasins bio très facilement. Cela étant, si vous pouvez les faire pousser vous-même, d'une vous serez très content de vous... et de deux c'est plus économique, et vous ne produisez pas de déchet :)

Il y a trois manières de faire pousser des plantes chez soi :

REMPOTER

Acheter une bébé plante aromatique bio, puis la rempoter dans un pot plus grand à la maison. Il faudra alors lui donner beaucoup d'amour et d'attention pour qu'elle soit tout le temps en bonne santé.

+ : rapide

- : petit budget à prévoir

BOUTURER

Bouturer est une expérience plus risquée... mais carrément plus excitante ! L'idée, c'est de replanter des tiges de plantes aromatiques pour les faire reprendre dans la terre, et les faire pousser.

+ : l'impression de voir naître la plante, satisfaction personnelle au max

- : plus long, risques d'échecs

PLANTER DES GRAINES...

et attendre que ça pousse.

+ : naissance de la plante, ludique

LES PLANTES AROMATIQUES FACILES À ENTRETENIR À LA MAISON OU SUR LE BALCON

Thym et Romarin : ne nécessitent que peu d'entretien...

Basilic, Persil : n'ont pas besoin de chaleur, ni de grand soleil, peuvent être cultivés dans une pièce lumineuse de la maison.

Ciboulette, Aneth, Estragon, Menthe : peuvent vivre plusieurs années par comparaison aux autres, qu'il faut replanter tous les ans.

Les plantes aromatiques que l'on peut bouturer : Thym, Basilic, Menthe, Romarin.

TIPS

Donner des petits noms à toutes ses plantes, pour leur donner encore plus vie !

MON MÉNAGE

L'hiver je consomme beaucoup de mandarines, je ne peux pas en composter les peaux parce que mes mignons lombricomposteurs n'aiment pas ça. Alors pour éviter de les jeter à la poubelle j'ai dû trouver une solution pour les recycler et ainsi exploiter toutes leurs capacités.

POUR FABRIQUER TON PRODUIT MÉNAGER IL TE FAUT JUSTE

- **DU VINAIGRE**
- **DE L'EAU**
- **ET BIEN SÛR TES ÉPLUCHURES DE MANDARINE**
- **ET AUSSI UN BOCAL**

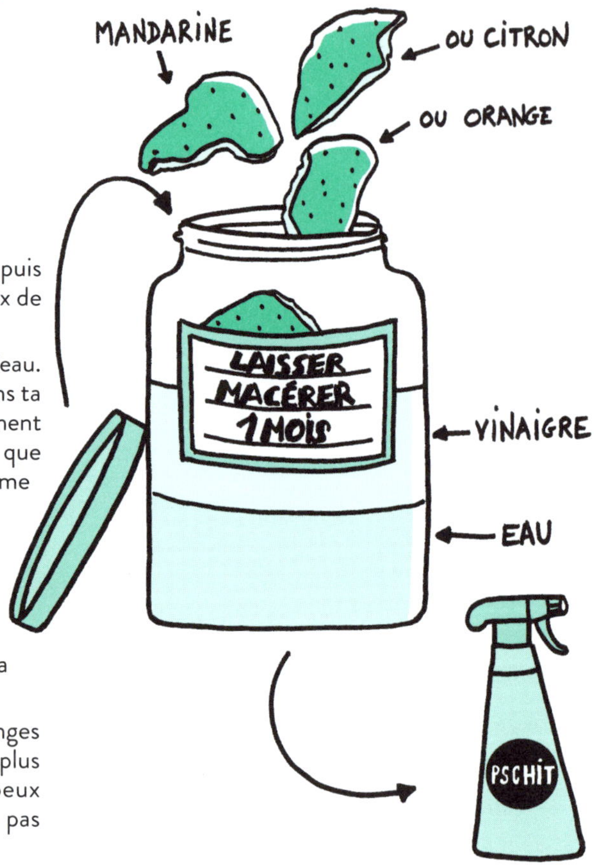

Il te suffit de remplir ton bocal avec de l'eau puis d'ajouter du vinaigre et de finir avec tes peaux de mandarine. Ouais, c'est tout !

Ne me demande pas combien de vinaigre et d'eau. Il est temps que tu ajoutes un peu de folie dans ta vie, alors tu doses comme tu le sens et uniquement comme tu le sens, en tout cas c'est comme ça que je fonctionne dans ma vie et pour l'instant ça me réussit bien. Alors pourquoi pas toi ?

Moi, j'ai laissé macérer pendant 1 mois, tu peux faire plus si le cœur t'en dit, moins je ne suis pas sûre que ce soit suffisant. Au bout de 1 mois, donc, tu auras un super produit ménager qui te servira à nettoyer toute ta maison et qui sentira bon la mandarine.

Ah oui, au fait, ça marche aussi avec des Oranges et des Citrons. Et au bout de 1 mois ben t'as plus qu'à tout mettre dans ton pschiiiit et tu peux recommencer parce que tes agrumes n'ont pas encore dévoilé toute leur puissance !

EN CE QUI CONCERNE LE MÉNAGE, LE ZÉRO DÉCHET EST AUSSI AU RDV

Je pourrais te proposer pleins d'alternatives, avec plein de produits différents... mais en réalité, je n'en utilise que 4 :

BICARBONATE, VINAIGRE, SAVON DE MARSEILLE, ET SAVON NOIR

QUELQUES MINI-RECETTES POUR NETTOYER SA MAISON

LE SOL : eau + vinaigre (et éventuellement HE lavande ou citron)

LESSIVE : eau + savon de Marseille (2 l d'eau pour une petite poignet de savon râpé)

ADOUCISSANT : eau + vinaigre (et éventuellement HE lavande ou citron)

PRODUIT NETTOYANT : lien vers le produit avec les épluchures d'orange

VAISSELLE : savon de Marseille (non gras)

SANITAIRE : Bicarbonate et Vinaigre

ÉVIER BOUCHER : Bicarbonate et Vinaigre

FRIGO : Vinaigre

ÉLIMINER LES MAUVAISES ODEURS (FRIGO/TOILETTES) : une coupelle avec du bicarbonate

Bien sur il y a pleins d'alternatives sympa : poudre d'argile maison, coquilles d'œuf broyées, eaux de cuisson... mais je n'aime pas m'encombrer, alors je vais au plus simple !

QUELQUES COSMÉTIQUES
LE SHAMPOOING

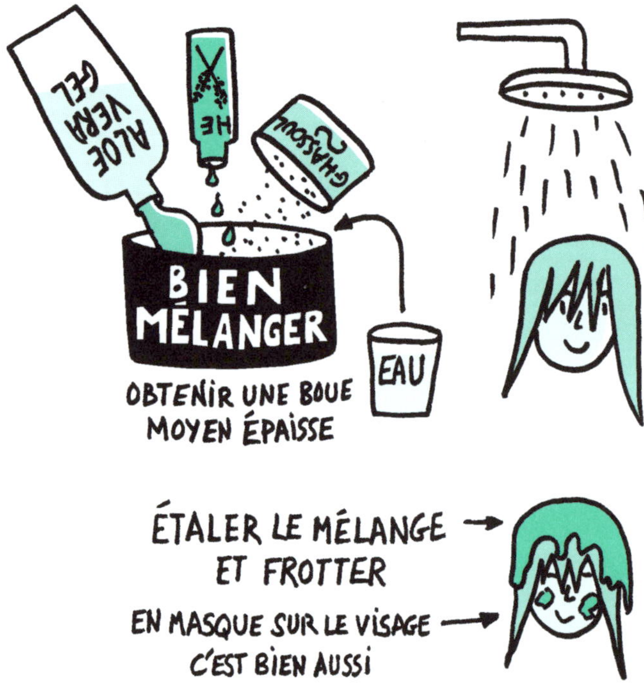

PA-TIEN-TER...

ET RINCER

C'EST DOUX !

ASTUCE

Comme le ghassoul est bon pour le visage, tu peux en profiter pour te faire un masque. Et puis autant faire d'une pierre deux coups, alors, tu peux aussi te laver avec, ça te permet de laisser poser un peu ton ghassoul sur ta tête.

DÉO

Recette qui n'en est pas vraiment une.

Il te faut : du bicarbonate.

1) Humidifie légèrement tes aisselles

2) Applique du bicarbonate.

C'est fini :)

TIPS

Dans le commerce, le bicarbonate est souvent épais comme du sel, tu peux le rendre aussi fin que du sucre glace en le passant au mixeur... C'est plus doux !

LA CRÈME HYDRATANTE

Badigeonne-toi des pieds à la tête avec de l'huile d'olive.

L'odeur va disparaître en 3 minutes chrono, et tu seras toute hydratée de partout.

C'est tout.

Maintenant tu connais mon secret pour ne plus utiliser de crème pour le corps et les mains.

Chaque fois que je fais ça on me prend pour une tarée, mais promis ça marche :)

LE DENTIFRICE

- DE L'HUILE DE COCO (AU RAYON CUISINE EN SUPERMARCHÉ BIO)
- DU BICARBONATE
- DE L'HUILE ESSENTIELLE DE MENTHE

DÉFI 4 SEMAINES

Voici enfin mon fameux défi 4 semaines pour voir quel combattant de l'anti-gaspi tu es !
J'invite toute ma communauté à se lancer dans l'aventure ; n'hésite pas à partager autour de toi !

MON PROGRAMME DÉFI 4 SEMAINES

1 tips par jour pour alléger son quotidien pas à pas !
+ des pages spéciales pour organiser les petites et les grandes occasions en mode zéro déchet !

MA SEMAINE TYPE

LUNDI : Cosmétiques
MARDI : Cuisine
MERCREDI : Ménage
JEUDI : DIY
VENDREDI : Rangement
SAMEDI : recyclage
DIMANCHE : Sortie !

SEMAINE 1

LUNDI

COSMÉTIQUES

Je commence à utiliser du bicarbonate à la place de mon déodorant

(VOIR PAGE 43)

TIPS

Le bicarbonate est super efficace contre les odeurs que ce soit en déodorant corporel et pour plein d'autres utilisations : dans le frigo, dans les toilettes, dans les chaussures... Bref, c'est LE produit tout-en-un totalement Indispensable.

MARDI

CUISINE

Cette semaine j'essaye de cuisiner tous mes restes

(IDÉES RECETTES À PARTIR DE LA PAGE 24 !)

MERCREDI

MÉNAGE

Je fabrique ma lessive maison

TIPS

Un bidon de lessive classique coûte entre 8 et 10 euros pour 3 l. Mon savon de Marseille, entre 3 et 5 euros pour + de 10 l de lessive. Quand on fabrique sa lessive maison l'économie réalisée est énorme !

JEUDI

DIY

Je fabrique mes disques démaquillants en récupérant des bouts de linges en coton qui ne me servent plus.

Si tu n'en as pas, tu peux aussi trouver des cotons réutilisables en magasins bio et/ou parapharmacies

TIPS

Une femme consomme 6 disques démaquillants par jour en moyenne. En utilisant des disques démaquillants en tissu, on réduit son impact écologique et on réalise des économies !

VENDREDI

RANGEMENT TRI

Je fais le tri dans ma cuisine (ustensiles et matériel)

(VOIR PAGE 13)

TIPS

Avant ma cuisine était pleine de machines compliquées que je n'utilisais jamais... depuis que j'ai fais le tri, ma cuisine et moi on respire ! J'ai de la place partout, et tout est plus simple !

SAMEDI

TIPS

J'ai mis du temps à comprendre comment recycler, pour moi c'était trop compliqué... jusqu'au jour où j'ai découvert les applications et où ça m'a complètement simplifié la vie ! Maintenant, je suis (presque) incollable !

RECYCLAGE

J'installe une application de recyclage

(VOIR PAGE 9)

DIMANCHE

ACTION EXTÉRIEURE

Je cherche un magasin de vrac dans ma ville (ou alternatives)

(VOIR PAGE 23)

TIPS

Beaucoup d'enseignes proposent du vrac : Biocoop, Marcel et Fils, Day by Day, Bio C Bon... Même les grandes enseignes s'y sont mises (comme Auchan par ex).

Une astuce pour trouver un magasin de vrac près de chez toi : l'application BULK te donne toutes les adresses des fournisseurs à proximité !

COMMENT JE FAIS EN VOYAGE ?

TROUSSE DE TOILETTE

Ma trousse de toilette est très minimaliste et zéro déchet :

- brosse à dents biodégradable
- oriculi (pour remplacer les Cotons-tiges)
- lingettes en tissu (pour remplacer les disques démaquillants)
- un pot de bicarbonate (déodorant + éventuellement dentifrice + éventuellement shampooing)
- un pot d'huile de coco (crème hydratante, démêlant, dentifrice)
- une pince à épiler (pas du tout indispensable)
- un rasoir (éviter tout ce qui est jetable)
- une cup (donc pas de tampons à jeter)
- un peigne

TIPS

Je cherche toujours des solutions naturelles et locales pour me laver les cheveux

En Thailande je me suis lavé les cheveux avec une recette naturelle et à l'ancienne de citron fermenté, mes cheveux étaient magnifiques !

En Inde, j'ai utilisé des poudres de fleurs

Au Maroc, de l'argile (ghassoul).

Et si je ne trouve pas de solution naturelle il me reste mon shampooing de l'extreme : un œuf !

En voyage, il est aussi important d'être zéro déchet, que ce soit dans sa trousse de toilette, mais aussi dans ses actes du quotidien.
Mon idée, ce n'est pas de m'encombrer de mille produits qui me permettraient de respecter mes principes zéro déchet quand je voyage, que je mange dans la rue, que je m'occupe de ma toilette…, mais d'avoir juste quelques basiques qui vont me permettre de réduire mon impact écologique au maximum, où que je sois sur la planète.
Voilà de quoi se compose mon sac à dos zéro déchet :

DANS MON SAC

→ J'ai toujours sur moi une gourde isotherme. Elle me permet de me recharger en eau (soit potable, soit dans des fontaines d'eau minérale). Je peux également avoir du thé chaud sur moi. Ou bien encore boire un milkshake ou un jus dans la rue sans qu'on me donne un verre en plastique.

→ J'ai aussi ma lunch box pour manger en extérieur. Chaque fois que je mange dehors, je demande à ne pas avoir d'emballage et à ce qu'on mette les choses dans ma box. Je ne crée pas de déchets et je peux conserver et transporter les aliments chauds ou froids (hyper pratique pour les soupes par exemple)

→ J'ai aussi une « poche à snack » : c'est une pochette avec un revêtement en plastique à l'intérieur pour transporter et conserver les aliments gras par exemple, comme les sandwichs ou autre snack

→ J'ai aussi ma propre fourchette/cuillère et couteau pour éviter les couverts jetables

→ J'ai toujours un mouchoir en tissu pour éviter d'utiliser des mouchoirs ou des serviettes jetables

→ Sur moi aussi, une ou deux pochettes à vrac, qui me permettent de ne pas utiliser d'emballage dehors pour les fruits, les pâtisseries et autres produits secs

→ J'ai aussi un tote bag en tissu pour faire les courses et remplacer les sacs en plastique

CE QUE JE FAIS EN VOYAGE

→ Je refuse toujours les sacs en plastique

→ Je refuse toujours les emballages de nourriture quand je prends à emporter

→ Je n'utilise pas de couverts jetables, mais les miens

→ Je n'utilise pas de produits industriels pour la toilette : shampooing, dentifrice et autres

→ Je ne vais pas dans les grandes surfaces et je privilégie les petits marchés, où j'ai plus de chance de trouver des produits sans emballages

TIPS

Des marques sympas pour voyager zéro déchet : Kufu (sacs à vrac upcyclés et mouchoirs), Qwetch (des gourdes et lunch box de super qualité fabriquées en France), My Boo Compagnie (des brosses à dents 100 % recyclables)

TIPS

S'il n'y a pas d'eau potable possibilité de mettre dans la gourde du charbon, qui va absorber tous les contaminants qui se trouvent dans l'eau

SEMAINE 2

LUNDI

COSMÉTIQUES

Je fabrique mon 1er shampooing naturel

(VOIR PAGE 44)

TIPS

Il existe pleins de manières de fabriquer son propre shampooing naturel avec ce qu'il y a dans sa cuisine : avec de la Maizena, du cacao, de la farine de pois chiche, des lentilles corail, de l'aloe vera, œufs, poudre d'orange...

Pour trouver des recettes simples, je te conseille la chaîne youtube d'Alys Boucher qui regorge de DIY simples et efficaces.

MARDI

CUISINE

Cette semaine j'essaye de cuisiner mes épluchures

JE TE CONSEILLE UN LIVRE SUPER POUR CUISINER TES ÉPLUCHURES : *LA CUISINE ZÉRO DÉCHET* DE STÉPHANIE FAUSTIN

TIPS

Quasiment toutes les épluchures de légumes peuvent être cuisinées. Je suis toujours autant surprise, pendant mes pique-niques du niveau d'inventivité des gens, et de la qualités de leurs plats réalisés à base de... déchets ! Moi, depuis que j'ai découvert que je pouvais faire frire mes épluchures de pomme de terre... je suis aux anges ! C'est tellement simple et bon !

MERCREDI

MÉNAGE

Je fabrique mon adoucissant maison

(VOIR PAGE 43)

TIPS

Une super astuce écolo pour que le linge sente bon : je garde mes citrons pressés, je les mets dans un vieux collant et hop dans la machine à laver ! Mon linge sent super bon et il est frais !

JEUDI

DIY

Je fabrique ma 1ère éponge (tawashi ou autre)

LIEN : UN SUPER DIY SUR CE BLOG : HTTPS://LITTLE-IDEA.FR/DIY-TAWASHI-EPONGE-ECOLOGIQUE/

TIPS

On peut fabriquer son tawashi avec tous les bouts de tissus qui traînent à la maison : vieux tee shirt, vieux collants... donc c'est bien de prendre l'habitude de les mettre de coté plutôt que de les jeter.

VENDREDI

RANGEMENT TRI

Je fais le tri dans ma salle de bains (produits non indispensables)

(VOIR PAGE 43)

TIPS

Ma salle de bain ressemble à une cuisine bis depuis que je suis zéro déchet : farine de pois chiche, maïzena, huile d'olive, huile de coco, bicarbonate... plus aucuns produits industriels, j'ai tout jeté à la poubelle et remplacé par du 100 % naturel et simple

SAMEDI

RECYCLAGE

J'installe des poubelles de recyclage dans la cuisine

(VOIR PAGE 9)

TIPS

Dans ma cuisine, il y a 3 poubelles : celle pour le verre, celle pour les déchets non recyclables, celle pour le papier. Au début je trouvais ça contraignant, mais maintenant je m'amuse de voir que mes poubelles ne se remplissent pas... normal, je réutilise quasiment tout !

DIMANCHE

TIPS

Parfois les commerçants ne connaissent pas le vrac, et peuvent y être un peu réticents... il ne faut pas se butter, et juste prendre le temps d'expliquer la démarche... Peut-être que la première fois le boucher dira non... puis la fois suivante, un peu oui... et pour finir, c'est lui qui proposera à ses clients d'apporter leurs bocaux ! Un pas après l'autre...

ACTION EXTÉRIEURE

Je fais mes 1res courses vrac et/ou avec mes contenants

(VOIR PAGE 23)

ORGANISER UN PICNIC ZÉRO DÉCHET

Depuis que je suis bloggeuse, j'ai organisé près de 50 pique-niques zéro déchet, et je suis toujours surprise par deux choses :
1) beaucoup pensent que le principe, c'est de ne pas laisser de déchet sur place
2) en matière de zéro déchet, les gens sont toujours particulièrement imaginatifs et c'est vraiment super !

ALORS, QU'EST-CE QU'UN PICNIC ZÉRO DÉCHET ?

C'est un pique-nique pour lequel, on ne va pas créer de déchet. Aucun déchet créé en amont (au moment de la préparation du pique-nique par exemple) ni sur place.

POUR PRÉPARER UN PIQUE-NIQUE ZÉRO DÉCHET

AVANT

→ privilégier des produits de saison et bio pour cuisiner et pouvoir recycler les épluchures

→ ainsi que des produits en vrac (magasin de vrac ou marché)

→ privilégier le fait maison plutôt que des produits déjà prêts et emballés

PENDANT

→ préférer un panier, un sac isotherme, un tote bag, à des sacs en plastiques

→ apporter de la vaisselle et des couverts réutilisables

→ préférer une gourde à une bouteille en plastique

→ des serviettes en tissus à des serviettes en papier

→ utiliser des contenants réutilisables et transportables : bocaux, pots à confiture, boîtes en verre ou en plastique, bouteilles en verre... ou encore sac à vrac/torchon pour les sandwichs, plutôt que de l'aluminium ou du film transparent

APRÈS

→ récupérer des déchets compostables et ses déchets recyclables

IDÉES POUR DES PLATS ZÉRO DÉCHET

- La salade en pot (salade de légumes, de lentilles, de pâtes, de riz)
- Salades de fruits en pots
- Citronnade
- Houmous avec des légumes crus
- Chips maison d'épluchures de pommes de terre, de carottes, de courgettes...
- Pop-corn aromatisé

SEMAINE 3

LUNDI

COSMÉTIQUES

Je fabrique mon dentifrice maison

(VOIR PAGE 44)

TIPS

Les brosses à dents en pastique sont très polluantes, car difficilement recyclables. L'alternative que j'ai trouvée, pour essayer d'être la plus cohérente possible dans ma démarche : les brosses à dents en bambou. Je te conseille celles de la marque My Boo Compagny, elle sont recyclables, biodégradables et compostables !

MARDI

CUISINE

Je fabrique mon 1er lait végétal

(VOIR PAGE 36)

TIPS

Tous les matins je fabrique ma boisson végétale. Ça me prend plus de temps que d'ouvrir une brique de lait, c'est sûr... mais quelle satisfaction de prendre le temps, de boire un lait tout frais !

MERCREDI

MÉNAGE

Je fabrique mon nettoyant maison

(VOIR PAGE 44)

TIPS

Récemment j'ai découvert une recette d'un produit ménager hyper simple à tout faire : la Pierre d'Argile ! Je te conseille d'essayer : http://www.lesideesdesamia.com/2015/09/ecogeste-fabriquer-une-pierre-d-argile-facile.html

JEUDI

DIY

Je fabrique mon 1er SOS Cookies

(VOIR PAGE 50)

TIPS

Il existe plein de kits SOS à offrir, ils sont tous aussi simples les uns que les autres, et tu trouveras facilement les recettes sur le net : kit SOS risotto, brownies, soupe, cake, muffin, crêpes...

VENDREDI

RANGEMENT TRI

Je fais le tri dans mes placards (et je donne mes vêtements)

(VOIR PAGE 9)

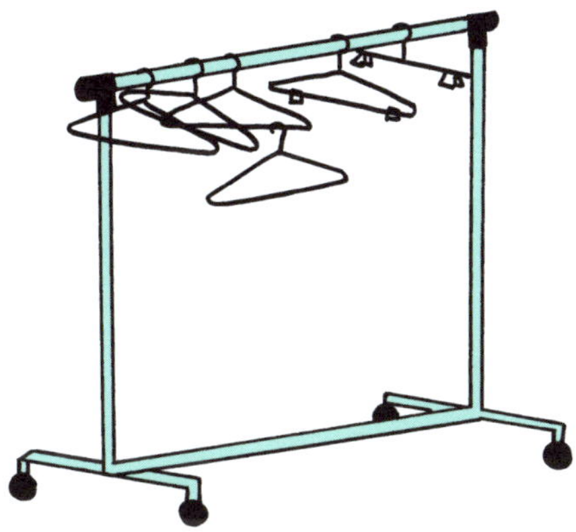

TIPS

Quand je n'ai pas le temps de donner mes vêtements à des associations, je les mets dans un carton propre, avec une pancarte « Vêtements à donner », et je dépose ça près de la poubelle de mon immeuble ou même dans le hall... En quelques heures, tous mes vêtements sont partis et ont fait des heureux !

SAMEDI

RECYCLAGE

Je supprime tout ce qui est jetable de la maison : couverts, verres, assiettes, Sopalin

(VOIR PAGE 54)

TIPS

D'ici 2020 la vaisselle jetable sera interdite... Alors autant commencer le changement maintenant : gobelets réutilisables, pots en verres, vaisselle en inox...

DIMANCHE

ACTION EXTÉRIEURE

Je décide de cuisiner uniquement des produits de saison

(VOIR PAGE 24)

TIPS

Tous les mois, des sites internet proposent la liste des fruits de saisons, comme https://www.fruits-legumes.org

FAIRE DES CADEAUX ANTI-GASPI

MON KIT SOS COOKIES

- DES BOCAUX RECYCLÉS

- 250G DE FARINE
- UNE CUILL. À C. DE BICARBONATE

- UNE PINCÉE DE SEL
- UNE CUILL. À C. DE LEVURE CHIMIQUE

- 100G DE SUCRE
- 100G DE CASSONADE

- 100G DE MUESLI
- ÉVENTUELLEMENT UN PETIT + : RAISINS SECS, BONBONS...

Pour la déco :
- Du scotch trop mimi
- des étiquettes
- du tulle

LA JOLIE BOUGIE AU CITRON

UNE VIEILLE TASSE CHINÉE

DE LA CIRE D'ABEILLE ou de la paraffine si tu offres le cadeau à quelqu'un que tu n'aimes pas (je ne te juge pas)

DES MÈCHES
DE LA GLUE
DES TRUCS POUR DÉCORER

DE LA POUDRE DE CITRON ou autre chose qui sent bon

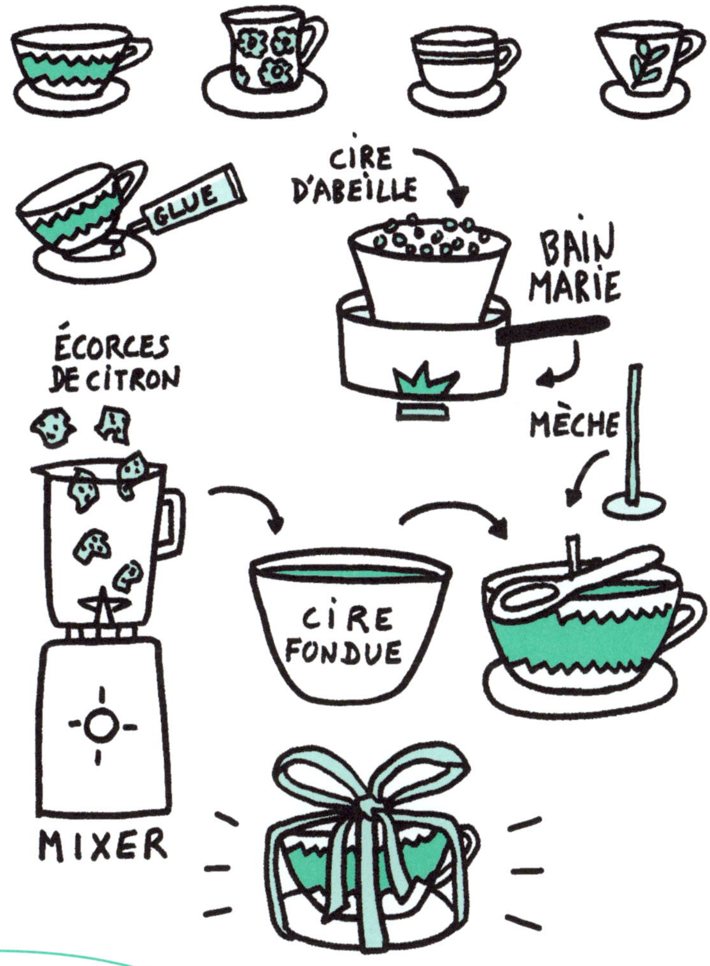

Le joli détail, c'est vraiment la tasse vintage, donc je te conseille de farfouiller chez Emmaüs pour trouver ton bonheur

SEMAINE 4

LUNDI

COSMÉTIQUES

Je commence à hydrater mon visage à l'huile de coco ou autre huile végétale

(VOIR PAGE 43)

TIPS

Depuis que j'ai arrêté de mettre des cosmétiques industriels sur mon visage et que je n'utilise plus que des huiles végétales, je n'ai plus de problème de peau.

MARDI

CUISINE

Je fais mes premières conserves

(VOIR PAGE 17)

TIPS

J'ai le souvenir de ma grand-mère et de ses rangées de conserves en tout genre dans sa cave. Elle me gardait toujours un pot de cerises, que je pouvais manger en plein hiver ! Un de mes plus doux souvenirs d'enfance !

MERCREDI

MÉNAGE

Je nettoie le sol de ma maison à l'eau et au vinaigre

(VOIR PAGE 42)

TIPS

Quand j'ai envie que ma maison sente très bon, j'ajoute dans l'eau de l'huile essentielle de lavande ou de citron

JEUDI

DIY

Je réalise un cadeau zéro déchet proposé dans ce livre

(VOIR PAGE 58)

TIPS

Chaque Noël, je fabrique tous les cadeaux de la famille. Je fais des packs de 10 cadeaux fait main par personne... pour 22 personnes ! Autant dire que je me transforme en véritable usine ! Ma famille est toujours ravie, et j'arrive à gâter tout le monde sans me ruiner !

VENDREDI

RANGEMENT TRI

Je désencombre ma maison de tous les objets dont je n'ai plus besoin

(VOIR PAGE 9)

TIPS

Quand je n'ai plus besoin d'un objet, je le mets dans le hall de mon immeuble avec un panneau « je cherche une nouvelle famille ». En quelques minutes, il a trouvé !

SAMEDI

RECYCLAGE

Je supprime les bouteilles d'eau et autres boissons, et je fabrique mes propres boissons, je bois dans une gourde ou bouteille en verre

(VOIR PAGE 50)

TIPS

Pendant mes voyages, je ne veux pas acheter de bouteilles d'eau en plastique, et encore moins de boissons sucrées et industrielles. Du coup j'ai pris l'habitude de fabriquer mes propres eaux aromatisées, c'est super simple ! Par exemple : de l'eau + des fraises, ou des rondelles de citron, ou encore de la pastèque... il n'y a pas de règles, tout est possible !

DIMANCHE

ACTION EXTÉRIEURE

J'organise un repas ou pique-nique zéro déchet, où j'invite mes amis/ma famille

(VOIR PAGE 50)

TIPS

Après 4 semaines de Zéro déchet, tu es prêt/e à organiser un repas entier en mode « Zéro gaspillage ». Et si tu le partageais en photo sur les réseaux sociaux, avec le # « #monrepaszerodechet ? :)

POUR ALLER PLUS LOIN

BLOGS ET CHAÎNES YOUTUBE

Mon Journal Bio

Alys Boucher

Carole Amelin

Bicar&co

Audrey Redac

Une journee sans déchet

Les idées de Samia

Tomate sans graine

Biotyfullpoisonivy?

Charlie o plumes

C'est s'il y a (onglerie)

MARQUES

Ecosia (moteur de recherche qui plante des arbres)

Qwetch (gourdes et lunch box isothermes)

Kufu (sacs à vrac upcyclés)

My Boo Compagnie (brosses à dents en bambou recyclables)

Dryudes (savons 100 % naturels)

Lamazuna (produits cosmétiques zéro déchet)

LIVRES

Zéro dechet zéro gaspi, Lisa Masset, Éditions Jouvence

J'achète moins, je vis mieux, c'est parti ! Ombeline Hoor, Éditions Jouvence

La Cuisine Zéro Déchet, Stéphanie Faustin Éditions Rue Échiquier

J'arrête de surconsommer, Herveline Verbeken et Marie Lefèvre, Éditions Eyrolles

Devenir minimaliste, c'est malin : Les meilleures astuces pour alléger votre intérieur…, Anne-Sophie Monod, Éditions Leduc.s

Déshydrater les aliments chez soi, Michelle Keogh & Karielyn Tillman, Éditions Terran

Famille Zéro Déchet, Jérémie Pichon et Bénédicte Moret, Éditions Thierry Souccar

RETROUVE PLUS D'INFOS SUR LE ZÉRO DÉCHET

sur mon groupe Facebook, grâce à ma communauté :
https://www.facebook.com/groups/pourunevieplussimple/

N'hésite pas à nous rejoindre et à nous donner tes astuces à toi !

Et pour rester en contact :

Mon blog : lecorpslamaisonlesprit.fr

Mon Instagram : lecorpslamaisonlesprit

Ma page facebook : lecorpslamaisonlesprit/

Ma chaîne YouTube : Le Corps La Maison L'esprit

⇨ ZÉRO BLABLA, ÇA VOUS PARLE ?

RETROUVEZ DANS LA MÊME COLLECTION

ANTISTRESS
ASTUCES DE MAMIE
BIKINI
BODY SCULPT
BRÛLE-GRAISSE
CROSS TRAINING
HIIT
HUILES ESSENTIELLES
MÉDITATION
MINCEUR
MINCIR : – 5 KG
PILATES
RUNNING
SANS GLUTEN
SIX PACKS
VENTRE PLAT
YOGA
ZÉRO SUCRE

MARABOUT
s'engage pour l'environnement en réduisant l'empreinte carbone de ses livres.
Celle de cet exemplaire est de :
500 g éq. CO_2
Rendez-vous sur
www.marabout-durable.fr

PAPIER À BASE DE FIBRES CERTIFIÉES

Achevé d'imprimer en juillet 2018 - Édition : 02 sur les presses de Macrolibros en Espagne
pour le compte des Éditions Marabout (Hachette Livre),
58 rue Jean Bleuzen Vanves Cedex.
Dépôt légal : janvier 2018 – 1628269 – 978-2-501-12678-6